AF279032

LA RÉPUBLIQUE

ET LES
CONGRÈS OUVRIERS

CONFÉRENCE
OUVRIÈRE

FAITE PAR

JULES HAMY

OUVRIER PERCEUR DE CARTONS

LE 10 OCTOBRE 1880

dans la salle des séances de la Société de Secours Mutuels des Travailleurs de Saint-Pierre-lès-Calais.

CALAIS.

IMPRIMERIE TARTAR-CRESPIN, GRAND'PLACE,

1881.

CONFÉRENCE

OUVRIÈRE

LA RÉPUBLIQUE

ET LES

CONGRÈS OUVRIERS

CONFÉRENCE

OUVRIÈRE

FAITE PAR

JULES HAMY

OUVRIER PERCEUR DE CARTONS

LE 10 OCTOBRE 1880

dans la salle des séances de la Société de Secours Mutuels des Travailleurs de Saint-Pierre-lès-Calais.

CALAIS.

IMPRIMERIE TARTAR-CRESPIN, GRAND'PLACE,

—

1881.

Cette brochure est dédiée à mon père Hamy, Alphonse, vice-président du Conseil des Prud'hommes, président-fondateur de la Société de Secours Mutuels des Travailleurs ;

Et à mon ami Louis Noël ;

Qui m'ont appris à aimer et à servir, dans la faible mesure de mes moyens, la cause républicaine.

J. HAMY.

LA RÉPUBLIQUE

ET LES

CONGRÈS OUVRIERS

CONFÉRENCE

faite par

JULES HAMY

OUVRIER PERCEUR DE CARTONS

LE 10 OCTOBRE 1880

dans la salle des séances de la Société de Secours Mutuels des Travailleurs de Saint-Pierre-lés-Calais.

CITOYENS,

Je dois d'abord vous déclarer que ce n'est pas à vrai dire une conférence que je vais avoir l'honneur de vous faire.

Vous allez simplement entendre un modeste ouvrier qui va vous dire, dans le langage simple et démocratique qui convient aux prolétaires, quelques mots sur la *République* et les *Congrès Ouvriers*.

Certes, je ne me dissimule pas les difficultés de la lourde tâche que je me suis imposée en prenant la résolution de venir parmi vous faire entendre ma faible voix sur un sujet aussi grave.

Et vous comprendrez sans peine que j'ai éprouvé une certaine hésitation avant de prendre cette décision ; mais cette hésitation je l'ai surmontée pour cette raison je me suis dit que les citoyens qui auraient bien voulu me faire l'honneur de venir m'entendre, appartenant comme moi à la grande famille des prolétaires, auraient accordé à l'un des leurs toute l'indulgence qu'il a besoin — indulgence à laquelle je fais en ce moment appel et qui, je l'espère bien, ne me fera pas défaut.

———

Le 14 Juillet dernier, le gouvernement de la République a ordonné et présidé la distribution solennelle des nouveaux drapeaux à l'armée française, drapeaux, destinés à remplacer ceux que l'Empire avait si lâchement abandonnés à l'ennemi. C'était la première fête véritablement républicaine et nationale depuis nos désastres ; c'était l'affirmation énergique de la réorganisation de l'armée que nous pouvons aujourd'hui considérer comme assez forte pour défendre le territoire de la République s'il était menacé. C'était la preuve incontestable du relèvement moral et matériel de la France ; c'était aussi la fête de la pacification ; l'amnistie, cette mesure de sage politique venait enfin d'être votée.

Depuis bien longtemps l'opinion publique réclamait la mise en liberté des proscrits.

Victor Hugo, le grand poëte, fut pendant dix ans, l'apôtre infatigable de l'amnistie, c'est lui qui a dit ces belles paroles : « *Il n'y a pas de plus beau spectacle que le proscrit debout à l'horizon, et la Patrie ouvrant les bras.* » Aussi, la démocratie tout entière vénère-t-elle dans Victor Hugo, la gloire la plus pure de la France, le génie sans pareil, le grand cœur qui jamais n'a manqué de défendre toutes les causes justes, le grand penseur que quelques-uns traitent d'utopiste parce qu'il prépare l'avenir.

L'amnistie étant votée, tous les proscrits étant libres, la grande fête nationale devait être ce qu'elle a été, c'est-à-dire magnifique.

Vous vous souvenez tous, citoyens, de l'enthousiasme avec lequel elle fut célébrée dans notre cité laborieuse et républicaine, et il en était de même dans toute la France ; partout on entendait le même cri « *Vive la République!* » Vous devez même vous rappeler qu'on entendait aussi pas mal de cris :«*A bas les Jésuites* », car à St-Pierre on n'est pas profondément républicain et profondément conservateur », comme disait un jour un homme éminent, en prenant le pouvoir , qu'il devait quitter d'une façon si piteuse quelque temps après : on est profondément républicain et profondément anti-clérical.

Nos gouvernants ne pouvaient, à mon avis, choisir une date plus conforme aux idées politiques du peuple français que le glorieux anniversaire de la prise de la Bastille.

En effet, c'est le 14 Juillet 1789 que cette affreuse prison, était (malgré les canons qui menaçaient les parisiens) détruite, par la colère populaire . Quand le pont-levis brisé tomba devant le flot envahisseur, on put s'écrier : C'est le triomphe du peuple souverain, dont le premier acte était un acte d'humanité, la délivrance des malheureux prisonniers, victimes de la tyrannie. Il y avait un vaincu, la monarchie, un vainqueur, la Révolution. Cependant la victoire de la démocratie, après la prise de la Bastille, n'était pas encore définitive, ce n'est que trois années plus tard, le 22 septembre 1792, que la royauté fut abolie et la République proclamée.

Mais alors on eut à lutter contre l'Europe monarchique coalisée contre la France républicaine ; et celui qu'on avait appelé le bon roi ; le père du peuple, conspirait avec l'étranger contre son pays. Il ne peut, selon moi, se commettre de crime plus abominable que celui qui consiste à aider l'étranger à l'assassinat de ta patrie : aussi la représentation nationale jugea comme il le méritait ce traître qui n'avait de français que le nom. La peine capitale fut prononcée contre l'époux de l'autrichienne, le criminel allié de tous les ennemis de la Révolution Française. Son exécution eut lieu le 21 Janvier 1793. Le peuple souverain venait de faire justice ; la royauté était bien morte, on ne songea plus qu'à repousser l'étranger envahisseur.

Quels étaient donc les hommes qui avaient préparé cette grande Révolution dont les bienfaits devaient se faire sentir dans tous les pays du monde ?

Je dois mettre à la tête de ces grands hommes, celui qui le premier porta les plus terribles coups à l'ennemi de tous les peuples (le cléricalisme), celui qui donna son nom au XVIIIᵉ siècle, comme l'immortel auteur des *Châments* et des *Misérables*, donnera le sien au XIXᵉ ; j'ai nommé le célèbre Voltaire , celui qu'on peut appeler à juste titre le précurseur de la Révolution, Diderot, Jean-Jacques Rousseau l'auteur des droits de l'homme, contribuèrent pour une grande part au triomphe de la démocratie ; le grand tribun Mirabeau mit au service de la révolution sa puissante et éloquente parole ; il est de notre devoir de respecter et de faire respecter par nos enfants, la mémoire de ces grands citoyens qui rendirent de si grands services à la sainte cause de la liberté.

Je viens de dire qu'après la chute de la royauté, on ne songea plus qu'à repousser l'étranger qui souillait le sol de la patrie : Sur tous les points de la France, des engagements volontaires eurent lieu ; des enfants, des vieillards, s'enrôlèrent pour la défense de la République, car ce cri terrible et lugubre : *la Patrie est en danger !* venait de retentir douloureusement dans le cœur de tous les patriotes. Grâce à l'énergie de ces hommes dont les noms eurent un si grand retentissement : Robespierre, Danton, Marat qui organisèrent la défense du pays; grâce au courage des soldats qui étaient commandés par ces héros: Hoche, le pacificateur de la Vendée, Kléber, dont le rire faisait trembler l'ennemi. Marceau, tué sur le champ d'honneur; grâce enfin à la force en France du principe de l'amour de la Patrie, et malgré le crime monstrueux des royalistes qui pactisaient avec l'étranger, l'ennemi du dehors fut chassé du territoire, tandis que l'ennemi de l'intérieur, le fondateur de la dynastie napoléo-nienne, le parjure Bonaparte Napoléon premier, étranglait la première République, le 18 brumaire, comme un demi-siècle plus tard, le 2 décembre 1851, l'autre Bonaparte, digne imitateur du « plus grand malfaiteur du siècle » comme l'appelait si justement Alfred Naquet au congrès qui eut lieu à Genève (Suisse), en 1867, violait la Constitution, renversait à son tour, et par un crime, les institutions qu'il avait juré de défendre.

Dans cet intervalle du 18 brumaire au 2 décembre ; pendant le temps qui sépare ces deux dates criminelles, la France eut à subir le joug de la tyrannie royaliste après avoir subi le joug de la tyrannie impérialiste. Pauvre France! noble Patrie ! c'était bien la peine d'avoir renversé la Bastille pour te voir encore, et pour de si longues années, sous la domination despotique de cette série de tyrans : Napoléon Ier qui nous valut l'invasion étrangère, Louis XVIII, ce roi qui fut porté sur le trône, avec le secours des baïonnettes étrangères ; Charles X, sous le règne duquel, les jésuites furent les maîtres de la patrie de Voltaire: Ici une nouvelle révolution : le peuple parisien, renverse de nouveau le trône des Bourbons, il se bat avec courage et énergie pendant trois jours, il est vainqueur, il attend pour prix de sa victoire, la Liberté, c'est-à-dire, la République, et............ Lafayette lui présente, quoi? ironie, *le premier*

Roi républicain, comme si ces deux mots pouvaient s'accorder ensemble.

De 1830 à 1848, Louis-Philippe règna, et quel règne ? « Enrichissez-vous » criait-on à cette époque; on ne peut mieux définir l'histoire de ce règne d'argent que ne l'a fait le poëte républicain, Auguste Vacquerie ; dans son beau livre : *Mes Premières Années de Paris.* Permettez-moi, citoyens, de vous citer ce passage :

> Ce règne avait le gain pour seul principe,
> Le roi d'alors semblait être Louis-Philippe,
> Mais le roi pour de bon, c'était l'autre Louis, l'argent,
> Tu veux voter? es-tu riche? non; gagne de l'argent,
> Triche, vole, pêche à l'égoût, l'argent n'a pas d'odeur,
> Sois négrier, ou bah! sans scrupule boudeur,
> Mouchard ; quand ta bassesse aura dans ta caverne
> Fourni le tas qu'il faut au CENS, alors gouverne
> Fais les législateurs, comment donc, fais les lois
> Pèse de tout ton poids et de tous tes faux poids
> Sur ce triste ramas d'humanité damnée
> Sur le pâle ouvrier qui n'a que sa journée,
> Sur le chercheur qui n'a gagné depuis vingt ans
> Qu'une solution aux problêmes du temps;
> Sur l'écrivain qui n'a que ses chefs-d'œuvre,
> S'il se fâche, ainsi que siffle une couleuvre
> Préserve l'ordre, et fais sabrer par tes spahis
> Les gueux qui se croiraient chez eux dans leur pays,
> Et maintiens à jamais dans son ignominie
> Ce vil rebut, travail, capacité, génie ;
> Et règne ; Ah ! la rougeur t'en est montée au front
> Paris, et tu t'es dit les pauvres entreront
> Et si l'on n'ouvre pas, je crèverai la porte ;
> Et le trône est tombé comme une branche morte
> Et le monde t'a vu d'un geste d'ouragan,
> Jeter la royauté par delà l'Océan.

Voilà en quelques mots l'histoire du gouvernement de Louis-Philippe, vol, cupidité, cens électoral, ajoutons-y le massacre des ouvriers lyonnais. C'est en 1848 qu'il fut renversé par le peuple indigné. Le roi en homme très-prudent prit la fuite et se réfugia en Angleterre, où il mourut en 1850.

Un gouvernement provisoire fut constitué ; Louis Blanc, le grand historien en fit partie, et c'est sur sa proposition que la peine de mort en matière politique fut abolie.

Quelque temps après, chose étrange, un Bonaparte fut nommé président de cette seconde République, et cela grâce à la crédulité naïve d'un grand nombre de républicains, qui certainement avaient oublié l'histoire du crime du 18 brumaire.

Tous, Citoyens, vous connaissez l'histoire de ce bandit corse dont le règne se résume en ces deux mots : 2 décembre, Sédan; c'est-à-dire parjure, vol, meurtre et lâcheté, et dont les conséquences furent le démembrement de la France, la perte de nos deux provinces l'Alsace et la Lorraine, et le paiement d'une énorme indemnité de guerre.

Le 4 septembre 1870, la République actuelle a été proclamée aux acclamations de toute la France, qui depuis a toujours en toutes circonstances, affirmé son attachemeut inébranlable aux institutions qui nous régissent.

Les élections dernières ont encore été une grande victoire pour le parti républicain, qui est aujourd'hui le grand parti National.

Aussi pouvons-nous dire que la République est définitivement instituée et qu'il serait impossible de la renverser. On voudrait l'essayer que non-seulement ou rencontrerait dans l'armée, un grand nombre de majors Labordère, mais tous les républicains, considéreraient comme un droit, et aussi comme un devoir de se lever et de courir aux armes pour la défense de la République, si on la menaçait.

Donc la République est forte, elle est inébranlable, et à qui devons-nous ce résultat ? A nos adversaires d'abord qui en s'emparant du pouvoir au 24 mai 1873 et au 16 mai 1877, ont, à force de vexations arbitraires, fait augmenter le nombre des adhérents à la cause républicaine. A St-Pierre, nous avons de bonnes raisons pour ne pas l'avoir oublié, ce coup d'Etat du 16 mai; à cette époque, les mouchards politiques, ces misérables, que l'on ne saurait trop flétrir, tenaient le haut du pavé, et grâce à leur ruse policière, réussirent plusieurs fois à inquiéter quelques républicains, qui, perdant toute prudence, en présence des faits révoltants qui se produisaient chaque jour, ne pouvaient retenir leur indignation, et protestaient hautement de leur mépris pour les viles créatures de ce régime de l'ordre moral, que l'on a justement qualifié d'ordre immoral.

Nous le devons aussi à la sagesse et à la fermeté des électeurs, qui pendant ces époques sinistres n'ont pas craint d'affirmer hautement leur volonté à ces fauteurs de trouble et de désordre, en répondant à leurs menaces ridicules par des élections comdamnant leur système gouvernemental de despotisme et de tyrannie. Oui, nous avons prouvé à ces hommes qu'il était plus facile d'essayer de renverser la République que de réussir.

Et aujourd'hui quel est le parti qui pourrait sérieusement prétendre à reprendre le pouvoir? La légitimité.— Les rares partisans de ce régime du droit divin en sont réduits à faire la guerre au gouvernement républicain, à coups de fourchettes; je crois bien qu'ils se serviront encore longtemps de cette arme inoffensive avant de le renverser. On les laisse tranquillement banqueter tout à leur aise, ayant de bonnes raisons pour ne pas les craindre.

Tant qu'à l'Orléanisme, il s'est suicidé le jour où son chef, le Comte de Paris, est allé s'incliner devant le drapeau blanc représenté par le Comte de Chambord.

Il restait l'Impérialisme, mais les Zoulous se sont chargés de nous débarrasser de celui qui avait la prétention de devenir notre maître, sous le tire de Napoléon IV. Il est vrai qu'il reste encore un prétendant à la couronne impériale, et quel prétendant ! le prince plon-plon, l'homme le plus prudent de France et de Navarre, le héros de la campagne de Crimée... Quand un parti prend un tel homme pour chef, ce parti est mort.

Aussi pouvons nous être tranquilles sur le sort de la République.

Mais si nos institutions sont définitives, si la forme gouvernementale de notre pays n'est plus en jeu, est-ce-à-dire qu'il ne reste plus rien à faire ; que tout est pour le mieux ? Non, et il faut le reconnaître, il reste beaucoup de réformes à accomplir, la révolution politique est faite, la révolution sociale reste à faire, et elle se fera, mais à l'aide de moyens légaux et pacifiques, et de l'union fraternelle de tous les travailleurs.

Vous devez avoir remarqué comme moi, Citoyens, que depuis quelque temps, il se produit un mouvement considérable parmi les prolétaires : partout en France, on organise des congrès ouvriers, dont les délibérations se font avec le plus grand calme, ce qui fait honneur aux citoyens qui y prennent part.

Un grand nombre de questions sont discutées d'une façon sérieuse et réfléchie, si parfois il y a désaccord entre les délégués sur les moyens à employer pour la solution, non pas de la question sociale, mais des multiples questions sociales, tous ne poursuivent qu'un seul et même but : l'amélioration du sort des travailleurs.

Que demandent-ils qui ne soit juste et équitable, ces déshérités de la fortune ?

Droit complet de réunion et d'association, liberté de la presse avec la suppression du cautionnement pour les journaux, cette mesure injuste qui met les ouvriers dans l'impossibilité de faire défendre leurs intérêts généraux par des journaux leur appartenant ; la fixation de la durée de la journée à 10 heures, ce qui doit paraître suffisant à certains patrons qui s'enrichissent au détriment de la santé de leurs ouvriers qui pour la plupart, dans un grand nombre de centres industriels gagnent à peine, non pas de quoi vivre, mais de quoi ne pas mourir de faim, les dernières grèves du Nord, ne nous l'ont que trop bien démontré.

Ces revendications ne sont que justes, et présentées du reste dans des termes dont la fermeté n'exclut pas la modération.

Les adversaires du droit de réunion se font une arme de ce que certaines théories subversives ont été émises par quelques délégués, notamment au congrès régional de Paris ; la raison n'est pas admissible, au contraire, elle plaide en faveur du droit absolu de réunion, car le meilleur moyen de combattre les mauvaises doctrines, c'est de les faire produire au grand jour. Alors, là, l'opinion publique les juge, et c'est ce qui est arrivé au congrès de Paris.

Les citoyens Jardin, délégué de la Chambre syndicale des ouvriers en bronze de Paris, et Drouet, délégué des Chambres syndicales ouvrières réunies du Havre, protestèrent énergiquement contre les théories émises par quelques délégués, théories qui ne tendaient à rien moins qu'à supprimer le suffrage universel et à préconiser l'emploi du fusil, au lieu du bulletin de vote ; ceux qui ont émis cette étrange idée de toucher à ce droit, qui fait de l'homme un citoyen (et que la Révolution de 1848 nous a donné sur la proposition faite par le grand et regretté tribun populaire Ledru-Rollin), au suffrage universel qui est la base et la force même de la République, ont provoqué une protestation complète de la part de la grande majorité des travailleurs, qui ne se laissent pas aveugler par les déclamations de quelques utopistes.

En quelque sorte, il est bon que ces doctrines, se disent, se proclament et se discutent. Si, par malheur, il était défendu de les dire, il y aurait des chances pour que ne les connaissant pas, on pût les croire vraies et les prendre au sérieux. Une folie qu'on empêche de se produire peut être dangereuse, parce qu'en la prohibant, on a l'air d'y attacher de l'importance. Mais quand elle vient à discussion, le bon sens public en a bientôt fait justice, et tout danger disparaît. Aussi, j'approuve complétement le délégué du Comité des ouvriers et employés républicains de St-Pierre-lès-Calais, lorsqu'il dit dans le rapport qu'il présenta au congrès régional de Lille, qui eut lieu le 15 août dernier : « *Tant qu'une partie de la liberté sera confisquée, notre devoir est de saisir toutes les occasions propices pour réclamer avec calme, mais aussi avec énergie, le droit complet de réunion.* » Oui, droit absolu et sans entrave, ce qui permettra aux travailleurs de prendre l'habitude de la discussion et ce qui permettra aussi, comme je viens de le démontrer, de combattre les théories qui seraient de nature à nuire à l'intérêt général de la grande famille des prolétaires.

Sur toutes ces questions, droit de réunion et d'association, création de Chambres syndicales, réduction de la journée de travail, je suis complètement d'accord avec le délégué du Comité des ouvriers et employés républicains de St-Pierre au congrès de Lille; mais je ne suis nullement de son avis sur la question de la représentation du prolétariat aux corps électifs.

Tout en déclarant qu'il n'y est pas systématiquement opposé, il dit cependant que le moment n'est pas venu d'envoyer des ouvriers au Parlement; qu'il y en a peu qui sont préparés à la vie parlementaire. Puisqu'il y en a peu, il faut donc en conclure qu'il y en a, et je trouve qu'il est nécessaire pour le prolétariat de se faire représenter directement à la Chambre des Députés. Il est dit dans le rapport que j'ai déjà cité, que l'intervention du législateur doit se borner à assurer à chacun une plus grande liberté d'action. Eh bien! je suis convaincu, que nous n'obtiendrons cette grande liberté d'action, que lorsque le suffrage universel choisissant ses députés dans toutes les classes de la société, aussi bien dans la bourgeoisie que dans le prolétariat, donnera aux représentants du peuple le mandat d'édicter des lois véritablement libérales et démocratiques, et d'abroger les lois tyranniques des régimes monarchiques. — Je ne me fais pas d'illusion, et je veux bien reconnaître que l'instruction a encore besoin d'être largement répandue; mais en tous cas il ne me paraît pas nécessaire d'être accadémicien pour prendre part à la confection de bonnes lois que réclame l'opinion publique; et j'estime qu'un certain nombre d'ouvriers choisis parmi les plus honnêtes, les plus instruits, les plus intelligents, pourraient, étant nommés députés, rendre de grands services au prolétariat, et par conséquent à la démocratie.

« La meilleure raison que je trouve contre l'entrée des ouvriers au Parlement, est celle-ci : les travailleurs seraient exposés à se voir privés de leurs membres les plus actifs, les plus intelligents et les plus dévoués. » A cette objection, je répondrai que l'ouvrier nommé député, ne se séparerait pas de ses collégues, mais viendrait au contraire, dans l'intervalle des sessions parlementaires, se mettre en rapport direct avec ses électeurs, et les instruire de leurs droits, de leurs devoirs et de tout ce qui concerne leurs intérêts politiques et sociaux.

J'ajouterai quelques mots sur cette question de la représentation ouvrière aux corps électifs.

A la fin de la dernière session parlementaire, M. Bardoux, ancien ministère de l'instruction publique, membre du centre-gauche de la Chambre des Députés, déposa un projet de loi tendant au rétablissement du scrutin de liste. Je crois que ce projet de loi a pour but principal d'empêcher l'élection des candidats ouvriers aux élections de l'année prochaine, j'émets cette idée, en me basant sur la raison suivante : Le prolétariat pourrait triompher dans une circonscription électorale, tandis que dans un département, les ouvriers ne seraient pas assez unis et, partant, pas assez forts, pour faire élire leurs candidats. Pourquoi? parce que les lois anti-libérales que nous ont laissé les anciens régimes ont toujours empêché l'esprit d'association de se répandre parmi les travailleurs. Nous avons donc intérêt à ce que ce projet de loi soit repoussé.

On dit que le chef de la majorité de la Chambre des Députés doit intervenir dans le débat, et prononcer un grand discours en faveur du projet de loi de M. Bardoux. Je ne sais quelles sont les raisons que fera valoir le célèbre orateur de la gauche, mais je crois qu'il lui sera difficile de contester ceci : Il est beaucoup plus facile aux électeurs de se prononcer avec connaissance de cause, sur un seul nom que sur neuf, par exemple, que nous aurions à choisir dans le Pas-de-Calais si le projet était adopté. C'est presque toujours sur les deux ou trois noms en tête de la liste que les électeurs se prononcent ; par conséquent l'élection n'est pas sincère et le suffrage universel se trouve forcément faussé. Je trouve donc que le système électoral actuel doit être maintenu dans l'intérêt des prolétaires, et aussi par respect pour la sincérité du suffrage universel. Je dois toutefois déclarer que c'est là un avis qui m'est tout personnel, car, en effet, il n'y a pas de question qui divise autant le parti républicain que celle du mode de scrutin. Des radicaux et des modérés sont pour le scrutin d'arrondissement; des modérés et des radicaux sont pour le scrutin de liste ; et tous prétendent être dans le vrai.

Pour en finir avec cette question de la représentation ouvrière, je dirai que c'est avec plaisir que je constate que la presque totalité des délégués qui assistent aux congrès ouvriers, estiment comme moi que le prolétariat peut et doit être représenté au Parlement.

Il serait utile, je crois, de vous faire connaître les résolutions prises par les délégués du congrès régional ouvrier de Lille. En voici le texte :

« 1° Les travailleurs des deux sexes seront libres d'établir « et de fonder des associations ouvrières et de tenir des réu- « nions à l'heure et à l'endroit qu'il leur plaira, en ne pas « obstruant la voix publique, et ceci sans restriction ni tu- « telle ;

« 2° Toutes lois existantes, relatives au droit de réunion « et au droit d'association sont abrogées ;

« 3° Les représentants du peuple ont mission de voter la « présente délibération comme loi naturelle;

« 4° Tout réglement d'atelier qui n'aurait pas été approuvé « par les conseils de prud'hommes et les chambres syndicales « de la profession, ne pourra être invoqué comme ayant « force de loi devant lesdits conseils ;

« 5° La mise à l'étude, par nos législateurs, d'un projet « de loi qui aurait pour but d'assurer les ouvriers contre

« les accidents survenus pendant l'exécution de leur travail;
« les responsabilités seraient déterminées par des enquêtes
« faites par les conseils de prud'hommes et les chambres syn-
« dicales ;

« Dans le cas où le patron serait déclaré irresponsable,
« l'Etat serait tenu de venir en aide aux victimes du travail;

« 6° L'instruction sera gratuite, laïque et obligatoire, l'ac-
« cès des écoles secondaires sera facilité à tous par des con-
« cours ;

« 7° Des écoles professionnelles seront créées pour que les tra-
« vailleurs puissent acquérir les connaissances qu'exige leur
« profession ;

« 8° Des banques de prêts au travail seront constituées,
« afin de prêter aux associations ouvrières, après enquête sé-
« rieuse, les fonds nécessaires à l'exploitation de leur indus —
« trie;

« 9° L'impôt sur les objets de consommation sera remplacé
« par un impôt unique sur le revenu ;

« 10° La durée du travail dans les usines et manufactures
« sera réduite à dix heures pour les deux sexes ;

« 11° L'Etat subventionnera les corporations afin qu'elles
« puissent établir des sociétés coopératives de production;

« 12° Le prolétariat sera représenté dans les assemblées
« délibérantes;

Comme vous le voyez, citoyens, ces réclamations sont
marquées au coin de la plus stricte raison. Aucune d'elles
ne tend à des mesures violentes, et voici la motion adoptée
par les délégués ouvriers de Lille dans leur réunion du 12
septembre dernier.

« Tout délégué au congrès ouvrier du Havre, a pour
« mandat impératif de combattre les doctrines des anarchis-
« tes-collectivistes-révolutionnaires, qui pourraient se pro-
« duire au sein du congrès.

C'est une sage mesure et on ne saurait trop l'approuver.

Aussi pouvons-nous espérer que, grâce à la sagesse, à la prudence et au bon sens des ouvriers, les problèmes sociaux seront résolus d'une façon pacifique et légale. et que la seule arme que nous nous serviront pour atteindre ce but, sera le bulletin de vote.

Mais il faut pour cela que l'action du suffrage universel ne soit pas neutralisée par le suffrage restreint. Il faut que la Constitution soit révisée dans le sens de la suppression du Sénat, cette seconde chambre que l'on a appelée le grand conseil des communes, mais que le bon sens public a justement désigné par son véritable titre: *Grand Conseil des Conflits*

Quand les électeurs réclament de leurs députés quelque réforme libérale, ceux-ci ont toujours une excuse toute prête. Nous voudrions bien, disent-ils, mais il y a le Sénat qui ne veut pas. Il est vrai qu'il y a des députés, tel que celui de la 2me circonscription de Boulogne-sur-mer, qui n'ont pas besoin de ce prétexte pour voter contre les réformes nécessaires.

Comment ! la chambre des dépntés, qui émane directement du suffrage universel fait des lois que le suffrage restreint, représenté par le Sénat, a le droit de repousser, et cela grâce à la Constitution bâtarde qui nous a laissé cette assemblée nommée dans un jour de malheur ; je dis que c'est illogique; tant que le Sénat existera, le suffrage universel ne sera qu'un vain mot.

Qui met obstacle à la marche progressive du gouvernement de la République, si ce n'est le Sénat qui a donné tant de preuves de son désir de lui créer des embarras. On l'a vu dans la discussion du projet de loi sur l'instruction supérieure qui contenait le fameux article 7. On l'a vu dernièrement encore, sur la question de l'amnistie. Le Sénat que l'on peut à juste titre considérer comme la négation du suffrage universel, est jugé par l'opinion publique, il est inutile, il faut qu'il disparaisse et il disparaîtra, non par une révolution, mais par la force de la logique, comme le disait si justement M. Marcou à la dernière session du conseil général de l'Aude.

Et alors, nous pourrons réclamer, avec l'espoir de les obtenir, ces réformes nécessaires au bien-être , à l'existence même de la démocratie :

Réforme de la magistrature, suppression de l'inamovibilité des juges.

Réduction de la durée du service militaire, suppression du volontariat, ce remplacement déguisé. Établissement d'un impôt unique sur les revenus;

Dénonciation du Concordat, et par conséquent séparation des Églises et de l'État, et suppression du budget des cultes, ce qui mettrait à la disposition du gouvernement un nombre très respectable de millions qu'il pourrait affecter au développement de l'instruction populaire et à la création de caisses de retraite pour les vieux ouvriers, qui ont travaillé toute leur vie et contribué pour une part considérable à la prospérité de l'industrie nationale.

Le 17 juillet 1851, dans la discussion qui avait lieu à l'Assemblée Nationale et relative à la révision de la Constitution ; Victor Hugo prévoyant déjà le coup d'État qui devait s'accomplir quelques mois plus tard, disait, terminant un de ses plus éloquents discours: « Ce que je veux, moi, je vais vous le dire, toute ma politique, la voici en deux mots:

Il faut supprimer dans l'ordre social, un certain degré de misère, et dans l'ordre politique, une certaine nature d'ambition. Plus de paupérisme et plus de monarchisme. La France ne sera tranquille que lorsque, par la puissance des institutions qui donneront du travail et du pain aux uns, et qui ôteront l'espérance aux autres, nous aurons vu disparaître du milieu de nous, tous ceux qui tendent la main, depuis les mendiants jusqu'aux prétendants......

Victor Hugo ce lutteur infatiguable de la démocratie n'a eu jusqu'à présent que satisfaction à moitié, la monarchie n'existe plus; mais la misère; cette lèpre de l'humanité existe toujours.

Les vieux ouvriers arrivant à l'âge où tout travail leur est complètement impossible ne devraient pas être abandonnés par l'Etat.

Quand ces diverses réformes politiques et sociales seront accomplies : quand les grands principes de 1789 : *Liberté, Egalité, Fraternité*, ne seront plus de vains mots, mais seront mis sincèrement en application ; quand il sera vrai que tous les citoyens sont égaux devant la loi ; alors nous pourrons dire, répétant les paroles que prononçait le célèbre orateur dans son éloquent discours en faveur de l'amnistie:

Il n'y a qu'une France et qu'une République.

Je ne veux pas abuser plus longtemps de votre patience, mais j'éprouve cependant le besoin d'ajouter quelques mots.

Vous savez comme moi qu'un certain nombre de bons bourgeois satisfaits, trouvent extraordinaire que de simples ouvriers se permettent de s'occuper des affaires publiques, et vont jusqu'à dire que cela ne les regarde pas. A ceux qui tiennent ce langage, je dirai que dans un pays libre comme le nôtre, où le suffrage universel est le maître de tout et de tous, nous avons le droit nous, ouvriers, de nous occuper tout aussi bien que les favorisés de la fortune de toutes les questions qui sont de nature à intéresser la démocratie, j'ajouterai même que c'est notre devoir.

Aussi, j'espère bien que mon exemple sera suivi, et que d'autres ouvriers plus expérimentés viendront se faire entendre dans des réunions comme celle-ci, c'est mon plus grand désir.

Permettez-moi, citoyens, de terminer ce rapide et incomplet examen de ces quelques questions politiques et sociales, en vous remerciant d'avoir bien voulu m'accorder votre bienveillante attention, et en faisant un appel à vos sentiments de fraternité républicaine, en faveur de la caisse du Sou des écoles laïques.

L'honorable président de cette utile et essentiellement démocratique institution, Monsieur le docteur Cuisinier, disait, le 19 août dernier, à la distribution des prix de l'école laïque libre dirigée par Monsieur Joly. « Le but de notre Société n'est pas seulement d'encourager l'émulation chez les enfants qui fréquentent les écoles, il est aussi d'ouvrir nos écoles à ceux à qui la pauvreté les ferme. Pour cela il faut user de moyens fort coûteux, tels que dons de vêtements, de livres, etc.

Nous comptons donc sur le concours du public pour nous aider à accomplir notre programme. »

Ne trouvez-vous pas, citoyens, qu'il est de notre devoir de répondre à cet appel, et de prouver que l'œuvre entreprise par les hommes dévoués à la cause de l'instruction laïque, a toutes nos sympathies, en y apportant notre obole. Que chacun de nous, dans la mesure de ses moyens, prenne part à la prospérité de la société *du Sou des Écoles laïques.*

A l'issue de la conférence, une collecte est faite en faveur du *Sou des Écoles laïques*; elle produisit la somme de 31 fr 50 centimes qui a été versée entre les mains du trésorier.

A Monsieur Jules Hamy.

MONSIEUR,

A l'occasion de la conférence remarquable et éminemment opportune que vous avez faite dimanche dernier, vous avez bien voulu provoquer dans les rangs de vos auditeurs une collecte au profit du Sou des Ecoles laïques de St-Pierre : et il a été versé entre les mains de notre Trésorier une somme de trente-et-un francs cinquante centimes, produit de votre gracieuse initiative.

Je viens, au nom du Comité de la Société du Sou des Écoles laïques de Saint-Pierre vous témoigner notre reconnaissance pour ce que cette généreuse idée a d'utile et d'encourageant pour notre œuvre, et vous offrir notre sincère témoignage de reconnaissance.

Veuillez agréer, Monsieur, l'assurance de ma considération distinguée.

Dr CUISINIER.

A Monsieur Cuisinier, Président de la Société du Sou des Ecoles Laïques de Saint-Pierre.

MONSIEUR LE PRÉSIDENT,

Je m'empresse de vous accuser réception de l'aimable lettre que vous avez bien voulu me faire l'honneur de m'adresser. Permettez-moi de répondre en deux mots au témoignage de reconnaissance que vous m'offrez au nom du Comité: Je n'ai fait que mon devoir, et soyez persuadé que chaque fois que l'occasion s'en présentera, je me ferai un plaisir de mettre ma faible intelligence au service de l'œuvre patriotique que vous avez entreprise avec tant de dévouement.

Veuillez agréer, Monsieur le Président, avec les vœux que je forme pour la prospérité de votre œuvre l'assurance de mon dévouement.

JULES HAMY

www.ingramcontent.com/pod-product-compliance
Lightning Source LLC
Chambersburg PA
CBHW061646050726
47598CB00004B/1473